AF483064

# RÉFLEXIONS

*Sur trois LETTRES importantes produites au pro-*
*cès d'entre M. LE MARÉCHAL DE RICHELIEU &*
*Madame DE SAINT-VINCENT.*

**M.** le Maréchal de Richelieu mettra inceſſamment ſous les yeux des Magiſtrats un Réſumé général de ſes preuves. La meilleure réponſe qu'il puiſſe faire à tous ces libelles dont on ne ceſſe d'inonder la Capitale, eſt de bien démontrer que les billets qu'on lui impute ſont faux, & que c'eſt Madame de Saint-Vincent, qui de concert avec le ſieur Vedel, a commis ce faux. Il ſe flatte de ne laiſſer ſubſiſter ni nuages, ni illuſions ſur ces deux points. Mais ſa patience s'échappe à la vue d'une nouvelle fauſſeté imaginée par ces deux Coupables, & il ne peut différer plus long-tems de s'expliquer ſur une lettre dont ils font le plus grand étalage, dont leurs partiſans affectent de triompher, & dont les perſonnes équitables ſemblent deſirer d'avoir l'explication. C'eſt la lettre dans laquelle M. le Maréchal annonce à Madame de Saint-Vincent qu'il lui envoie une *lettre-de-change.*

A l'occaſion de cette lettre, nous en rappellerons ici deux

A

qu'elle a fait faire par M<sup>e</sup> Lafitte, d'une maniere auffi infidieufe.

Aujourd'hui Madame de Saint - Vincent & le fieur Vedel ne fe donnent pas même la peine dans leurs Mémoires d'avertir que ce mot eft *biffé par des traits de plume*. Ils croient leur faveur fi grande, qu'il n'y a point de fupercheries qu'ils ne fe permettent. Ils impriment en gros caracteres le mot dont la radiation & la furcharge eft leur propre ouvrage, puifqu'elle exiftoit au moment du dépôt : & de ce mot, ils font le nom de *Vedel;* DITES A VEDEL *. Voilà comme ils continuent d'être de bonne-foi !

Enfin avec la même affurance, voici l'affertion qu'ofe avancer l'Auteur des *Réponfes* pour Madame de Saint - Vincent, page 101.

*Il ne faut que cette lettre, pour prouver fans réplique, que M. le Maréchal a donné les billets. Cette lettre-de-change n'étoit autre chofe que le fecond titre de cent mille écus fubftitué au premier mandat.*

Le fieur Vedel dans l'*Analyfe* qu'il vient de diftribuer, affirme ce fait avec la même effronterie.

Quels Adverfaires ! Il femble que leur impudence augmente chaque jour.

Déjà convaincus de mille menfonges, il n'ont que plus de hardieffe à en inventer d'autres. M. le Maréchal devroit avoir acquis le droit de ne plus leur répondre. Cependant il va éclaircir encore cette nouvelle fupercherie, de maniere à n'y laiffer aucun nuage.

La lettre-de-change que M. le Maréchal envoyoit par cette lettre à Madame de Saint-Vincent, *n'étoit pas le fecond mandat de cent mille écus,* s'il eft démontré que Madame de Saint-Vincent a précédemment déclaré avoir reçu ce mandat *de la main à la main.* Or voici la premiere édition de fa fable. Elle eft confignée dans fa Requête imprimée , fignée *Vence de Saint-Vincent*, & *le Sénéchal*, Procureur (1).

« Au mois de Juillet 1773 , la Suppliante reporta ce *chiffon* » ( le premier mandat ) à M. le Maréchal, le *déchira* devant » lui. *Il confentit de lui donner un billet au porteur fur le même* » *Banquier;* mais fous la condition qu'elle n'en parleroit à qui » que ce foit , *la menaçant de la perdre , fi elle ofoit le livrer* » *au commerce;* & pour être plus certain que cette largeffe » apparente n'éclateroit pas , il lui fit promettre qu'elle iroit » demeurer à Bordeaux , &c. »

Conçoit-on qu'après avoir fait une premiere fable fi bien cir-conftanciée , on fe permette d'en faire aujourd'hui une nouvelle abfolument contraire? Suivant la Requête , M. le Maréchal a remis à Madame de Saint-Vincent le fecond mandat à l'inftant où elle reportoit le premier, à l'inftant où elle le *déchira de-vant lui.* Il ne l'a donc pas *envoyé par lettre?* La *lettre-de-change* envoyée dans la lettre, étoit donc autre chofe que le mandat de cent mille écus? Cela eft évident, démontré ; & on n'en peut pas plus douter, que de l'extrême effronterie de ces deux Accufés.

Cette réponfe pourroit difpenfer d'en dire davantage. Mais M. le Maréchal, toujours empreffé d'éclairer fes Juges, va ex-pliquer l'objet de cette *lettre-de-change*, dont les Accufés ont fi mal-adroitement effayé de tirer avantage.

On connoît déjà dans l'affaire une lettre du Vicomte de Caftellanne, du 26 Juillet 1773, par laquelle il mandoit *que*

---

(1) Voyez page 13 de la Requête volumineufe de Madame de Saint-Vincent, contenant fes prétendus moyens de nullités, laquelle a été dépofée au Greffe crimi-nel de la Cour, en vertu d'un Arrêt de la Tournelle.

*M.* de Saint *Vincent, satisfait des dispositions de Madame son épouse . lui laissoit le choix de toutes les Villes du Royaume & de la Maison Religieuse où elle voudroit se retirer.* Il ajoutoit : *Il me charge , quand vous aurez pris votre derniere résolution , de vous faire compter trois cens livres pour les frais du voyage...  Je compte ,* ajoutoit-il encore , *trouver dans la bourse d'un de mes amis ces cent écus : il m'est impossible de rien avancer au-de-là de cette somme. Je ne saurois même où la prendre, si l'ami sur lequel je compte , refusoit de me la compter.*

Madame de Saint-Vincent ne toucha pas les 300 liv. promis par le Vicomte de Castellanne aussi-tôt qu'elle l'auroit desiré. Elle écrivit à M. le Maréchal pour le prier de l'aider dans l'embarras où elle se trouvoit. Ce fut pour répondre à cette lettre que M. le Maréchal envoya la lettre-de-change. Nous allons accoler les deux lettres. Il sera impossible, en les rapprochant ainsi , de ne pas voir leur rapport.

| *Lettre de Mad. de St-Vincent.* | *Réponse de M. le Maréchal.* |
|---|---|
| «Bien obligée, mon cher » cousin. *Je suis malade,* & puis » à peine vous rendre mes ac- » tions de graces. Vous me fe- » rez le plus grand plaisir du » monde, *de me tirer de l'état* » *où je suis.* Pour être parfai- » tement honnête, je me suis » adressé [*] . . . . . . . . . » Prenez la peine, s'il vousplait, » de lire la lettre du Vicomte » de Castellanne. C'est ce mê- » me Chevalier qui vous a tant » dit de mal de moi, & qui en » est bien revenu. *Il n'a pas eu* » *d'argent.* Je lui mande que j'ai » pris la liberté de m'adresser à | « Je suis bien affligé , ma » chere cousine, *de votre mala-* » *die que vous m'apprenez :* aussi » je suis à l'abri des reproches » que vous. . . . *. Je suis déses- » péré de la vôtre. Il me paroît » cependant qu'il ne vous reste » de votre maladie qu'une » grande humeur contre votre » santé & vos affaires. Je com- » prends que l'une & l'autre » peuvent vous en donner. » Commencez toujours par la » santé, & faites *de vous tirer* » *d'affaire* avec cette lettre-de- » change, que je vous envoie ci- » joint. Tachez de vous corri- |

*Marginal notes:*

* Un mot illisible.

[*] Un mot raturé & illisible.

✶ vous, mon cher coufin, à qui    » ger & de dire à ▬ * de
» je n'aurai plus rien à deman-    » vous tirer des mauvaifes af-
» der que des lettres de recom-    » faires où vous vous étes four-
» mandation pour Bordeaux ».    » rée, avec une inconfidération
                                     » fans exemple , & n'y plus
                                     » retomber. Je vous irai voir».

Ces deux lettres font fans date. Mais celle du Vicomte de Caftellanne, à laquelle elles font évidemment relatives, en fixe néceffairement l'époque. Celle-ci eft du 26 Juillet 1773. Les deux autres doivent être du courant d'Août.

Cette circonftance n'eft pas indifférente : elle fournit une nouvelle preuve que la *lettre-de-change* ne pouvoit pas être le *mandat*, puifque Madame de Saint-Vincent, après avoir fixé d'abord l'époque de la remife prétendue de ce *mandat* au mois d'Avril 1773 *, n'a varié fur ce point que pour la reculer *à la fin de Mai ou au commencement de Juin 1773* **.

Au furplus, eft-il befoin de grandes combinaifons, pour découvrir le rapport de ces trois lettres, du Vicomte de Caftellanne, de Madame de S. Vincent, & de M. le Maréchal de Richelieu?

Dans la fienne, le Vicomte annonce à Madame de Saint-Vincent *100 écus pour les frais du départ* ; mais il n'eft pas encore bien affuré de pouvoir lui avancer cette fomme : il compte *fur la bourfe d'un ami , & fi cet ami refufoit, il ne fauroit où la prendre.*

Apparemment que l'ami refufa : le Vicomte de Caftellanne ne donnant pas les 100 écus, Madame de Saint-Vincent s'adreffe à M. le Maréchal de Richelieu, & les lui demande.

*Je fuis malade*, dit-elle : M. le Maréchal lui répond : *Je fuis bien fâché de votre maladie.*

*Vous me ferez le plus grand plaifir du monde de me tirer de l'état où je fuis. .. Le Vicomte n'a pas eu d'argent. Je lui mande que j'ai pris la liberté de m'adreffer à vous.* Voilà la demande : voici la réponfe. *Je comprends que votre fanté & vos affaires doivent vous donner de l'humeur. Commencez par la fanté, & faites en ( forte ) de vous tirer d'affaire avec cette lettre de change que je vous envoie ci-jointe.*

La liaifon & le rapport de ces deux lettres fautent aux yeux. Il eft tout auffi évident qu'elles font relatives à celle du Vicomte de Caftellanne qui avoit promis 100 écus, & qui ne pouvoit pas les avancer. Madame de Saint-Vincent demandoit à M. le Maréchal de lui envoyer ces 100 écus : M. le Maréchal les lui envoie en une lettre-de-change (1). A moins de renoncer au fens commun, perfonne n'imaginera, qu'il ait envoyé un mandat de 100000 écus, lorfqu'on ne lui demandoit que 100 écus.

Rien n'eft encore plus contradictoire avec les fables de Madame de Saint-Vincent, que les expreffions de M. le Maréchal, en envoyant la lettre-de-change. *Tâchez de vous tirer d'affaire avec cette lettre-de-change.* Il faut convenir que Madame de Saint-Vincent n'eût pas eu grande peine de fe tirer d'affaire avec *une lettre-de-change de 100000 écus.* (2) Mais ce qui eft encore plus inconciliable, c'eft cette permiffion de fe fervir de la lettre-de-change pour *fe tirer d'affaires*, avec la prétendue défenfe *de livrer le mandat au commerce, même d'en parler à perfonne.* Il ne faudroit pas autre chofe que cette nouvelle con-

---

(1) M. le Maréchal a une partie de revenu qu'on ne lui fait paffer, à Paris, qu'en *lettres-de-change*, tantôt plus, tantôt moins confidérables : c'eft une de ces lettres-de-change qu'il envoya à Madame de Saint-Vincent.

(2 Nous ne nous arrêtons pas à remarquer combien il feroit peu vraifemblable que M. le Maréchal eût donné le nom de *Lettre-de-change* à un mandat de cent mille écus. Madame de Saint-Vincent n'étoit pas non plus affez peu au fait du langage ordinaire, pour s'y méprendre. Jamais on ne l'a vu confondre ces expreffions ; & dans tous fes Interrogatoires, comme dans tout ce qui a paru pour fa défenfe, elle n'a point parlé de *lettre-de change.* Ce font toujours des *Mandats* ou des *billets* de cent mille écus qu'elle prétend avoir reçus.

tradition,

tradiction, pour être convaincu que la *lettre-de-change* n'étoit point le *mandat.*

Réfumons ces réflexions.

1°. Madame de Saint-Vincent a prétendu que le fecond mandat lui avoit été remis *directement par M. le Maréchal.* La lettre-de-change au contraire a été *envoyée par lettre* : donc ce n'eft pas la même chofe.

2°. Le mandat, fi on l'en croit, lui a été donné par M. le Maréchal en *Avril,* ou au *commencement de Juin :* La lettre contenant l'envoi de la *lettre-de-change,* ne peut avoir été écrite que dans le *mois d'Août* fuivant : donc ce n'eft pas la même chofe.

3°. Le mandat, fuivant fon récit, ne lui fut donné qu'avec *défenfes* de le *négocier,* même *d'en parler :* Et la lettre-de-change lui a été envoyée pour qu'elle s'en fervît à *fe tirer d'affaires :* donc ce n'eft pas la même chofe.

Sont-ils affez confondus, ces Accufés audacieux ? Et lorfqu'ils multiplient les crimes, les menfonges, les infidélités de toute efpece pour aveugler le Public & la Juftice, doutera-t-on encore que le faux ne foit leur ouvrage? Quelle autre main que celle de ces fauffaires, auroit ofé abufer de cette lettre, & fur-tout y placer en *majufcules* le nom de *Vedel,* qui n'y eft pas & qui n'y a jamais été, fans avertir du moins que ce mot fuppofé eft *raturé* dans l'original dont ils ofent préfenter une *copie* prétendue *figurée ?* Il n'eft pas poffible d'équivoquer fur cette infidélité. Si le nom de *Vedel* eût été dans la lettre, les complices auroient eu grand foin de l'y conferver, pour en tirer les inductions & les avantages, dont, par la mauvaife foi la plus mal-adroite, ils tentent maintenant de fe prévaloir. Ils n'ont donc effacé le mot en queftion, avant le dépôt, que parce que cen'étoit pas celui de *Vedel* : & c'eft une nouvelle fauffeté à ajouter à toutes celles dont ces accufés font déja convaincus.

B

## I I.

### *ANALYSE des deux lettres des 12 & 16 Juillet 1774.*

Comme ces deux lettres portent avec elles la conviction dans l'esprit, par les conséquences qu'elles offrent de toute part, on croit devoir les analyser avec la plus grande exactitude.

D'abord il est impossible d'élever des doutes sur le point de savoir si la lettre de M. de Richelieu étoit conçue dans les mêmes termes que la copie qui en est représentée : on en a donné des preuves évidentes. Madame de Saint-Vincent a reconnu la copie pour être conforme à l'original qu'elle dit avoir perdu. Elle ne dispute que sur un seul mot, qui seroit indifférent. Mais ce seroit inutilement qu'elle auroit méconnu une vérité qui se prouve par la seule comparaison des deux lettres. La réponse de Madame de Saint-Vincent suppose nécessairement dans la lettre originale de M. de Richelieu tout ce qu'on lit dans la copie qu'il en présente : les voici toutes deux.

<table>
<tr><td>Lettre de M. de Richelieu.</td><td>Réponse de Madame de Saint-Vincent.</td></tr>
<tr><td>

J'aprends avec *étonnement*, ma chere cousine, qu'il se négocie pour 100000 liv. *de billets signés de moi.*

Ce qui *m'étonne* encore davantage c'est qu'on m'a dit *que vous etiez melée la dedans* ce que je ne puis croire.

Je vous prie d'écouter avec bonté le sieur Marion mon Intendant qui vous remettra cette lettre *& l'aider a demeler le fil de cette friponnerie,* que vous avez autant d'intéret que moi à ne pas laisser impunie..

je ne vous parlerai pas d'autre chose dans cette lettre

</td><td>

Mon cher cousin, je réponds vite à votre lettre qui m'a causé autant d'*étonnement* qu'a vous *la nouvelle de ces billets*

*& du nom de Madame de St Vincent qu'on dit etre melée la dedans &* que j'ignorois parfaitement

*j'envoie cette lettre à* M Marion par une personne *qui pourra l'aider a découvrir quelque chose.* Et j'embrasse mon cher cousin. *Ecrivez moi ce que vous aprendrez.* Et aimez moi toujours. Car je suis bien fachée contre ceux qui me nomment sans me conoître.

</td></tr>
</table>

Ces deux lettres ont un rapport fi néceffaire entr'elles, que la feconde fuppofe évidemment la premiere écrite dans les termes que l'on vient de rapporter.

Voyons maintenant les conféquences qui réfultent de ces deux lettres. Pour en bien prendre le fens, il faut en placer les auteurs dans la pofition qui les repréfente au moment où elles ont été écrites.

M. le Maréchal de Richelieu apprend à Bordeaux qu'on négocie à Paris des billets au porteur, prétendu fignés de lui, & que c'eft Madame de Saint-Vincent qui les répand dans le Public. De deux chofes l'une : ou M. le Maréchal connoiffoit la vérité de ces billets, ou il étoit sûr qu'ils étoient faux. Dans la premiere hypothefe ( 1 ), il lui étoit impoffible de les défavouer vis-à-vis de Madame de Saint-Vincent, à qui il n'en pouvoit pas impofer ; & dans ce cas, en convenant de la vérité des billets, il ne lui reftoit que le droit de fe plaindre du procédé de Madame de Saint-Vincent, & d'une négociation précipitée faite avant le terme convenu.

Si ces billets étoient faux, M. le Maréchal de Richelieu a dû les défavouer., annoncer les recherches & les pourfuites les plus rigoureufes, interroger Madame de Saint-Vincent fur la part qu'elle pouvoit avoir à la négociation qu'on lui imputoit, enfin l'inviter à fe joindre à lui par intérêt pour elle-même, pour faire punir les coupables. Voilà ce que M. le Maréchal de Richelieu a dû néceffairement écrire dans l'une ou dans l'autre hypothefe.

---

(1) *Nota.* Cette premiere hypothefe eft le fyftéme préfenté par Madame de Saint-Vincent.

Voyons à laquelle des deux répond la lettre qu'il a fait remettre à Madame de Saint-Vincent par son Intendant, datée de Bordeaux le 12 Juillet, & qui lui a été rendue le 16 *après midi*. Chaque expression mérite la plus grande attention.

*J'apprends avec étonnement, ma chere Cousine, qu'il se négocie pour* DEUX CENS MILLE LIVRES *de billets* SIGNÉS DE MOI ( 1 ).

. Que Madame de Saint-Vincent eût négocié des billets dont M. le Maréchal auroit connu la vérité, cette nouvelle n'auroit point eu de quoi l'étonner ; il n'auroit eu à se plaindre, suivant Madame de Saint-Vincent elle-même, que d'une négociaton anticipée ; & dans ce cas, il se seroit contenté de lui mander, qu'il apprenoit avec étonnement, qu'elle négocioit ses billets. Mais ce n'est point seulement sur la négociation que tombe l'*étonnement* de M. le Maréchal de Richelieu, c'est sur ce qu'on les négocie comme *signés de lui*, parce qu'il est sûr de n'en avoir pas souscrit. Lui auroit-il marqué sa surprise sur ce qu'on répandoit des billets *signés de lui*, s'il en avoit été l'auteur ? Il s'exposoit à être confondu par Madame de Saint-Vincent qui auroit eu connoiffance de la vérité de sa signature.

Ces premieres expressions renferment donc un désaveu formel des billets. Celles qui suivent répondent à la même idée :

*Ce qui m'étonne encore davantage, c'est qu'on dit que vous êtes mêlée là-dedans, ce que je ne puis croire.*

Plaçons-nous toujours dans la premiere hypothefe. M. le Maréchal de Richelieu avoit fait des billets au porteur ; il les

---

( 1 ) *Nota.* Il est effentiel de remarquer que M. le Maréchal ne parle que de 200,000 francs : erreur dans laquelle il n'auroit point donné, s'il eût fçu avoir fouferit pour 425,000 livres de billets.

avoit remis à Madame de S.-Vincent; il apprend qu'ils se négo-
cient; il ne pouvoit donc pas douter qu'elle ne fût l'auteur de
cette négociation. Cependant son *étonnement* redouble en ap-
prenant *qu'elle est mêlée là-dedans, & il ne le peut croire.* Sa surprise a donc un autre objet que la négociation. Elle vient de ce
qu'étant sûr que les billets sont faux, il ne peut croire qu'une
femme de qualité, sa parente, & qu'il avoit obligée, *soit*
*mêlée* dans une fausseté si atroce. Le sens de cette surprise
détourné à un autre objet, c'est-à-dire, à la négociation, seroit
une absurdité.

Passons à la suite de la lettre. *Je vous prie d'écouter avec*
*bonté le sieur Marion mon Intendant, qui vous remettra ma*
*lettre, & l'aider à démêler le fil de cette fripponerie.*

Arrêtons-nous à la premiere partie.

Si les billets avoient été vrais, quelle explication le sieur
Marion devoit-il avoir avec Madame de Saint-Vincent? M.
le Maréchal de Richelieu, dans cette hypothese, les avoit souf-
crits; Madame de Saint-Vincent les avoit négociés, il en étoit
instruit; il savoit qu'il y en avoit au moins une partie de négociés. Le sieur Marion en avoit fait lui-même la découverte;
il n'avoit donc rien à apprendre à cet égard, le mal étoit sans
remede.

Mais comme M. le Maréchal de Richelieu avoit assuré le
sieur Marion que les billets étoient faux, il avoit intérêt de
savoir si Madame de Saint-Vincent avoit part à cette intrigue,
par quelles mains elle avoit passé, le montant des billets négociés ou à négocier, & toutes les autres circonstances que
l'instruction a depuis administrées.

*Et l'aider à démêler le fil de cette fripponerie.* Ces expressions n'ont point besoin de commentaire. M. le Maréchal de

Richelieu traite de *fripponnerie* ces billets , parce qu'il les déclare faux. Il invite Madame de Saint-Vincent à se joindre à son Intendant *pour la découvrir*. Il est donc impossible d'appliquer ces expressions à une simple négociation.

Mais cette négociation, même de billets supposés vrais, n'auroit point été *une fripponnerie*. D'ailleurs le sieur Marion n'avoit pas besoin du secours de Madame de Saint-Vincent pour la découvrir , elle étoit publique ; elle n'avoit pas elle - même de grands efforts à faire pour concourir à cette découverte , puisque la négociation étoit son ouvrage.

*Que vous avez autant d'intérêt que moi de ne pas laisser impunie.* Quoi, Madame de Saint - Vincent a autant d'intérêt que M. de Richelieu à faire punir une négociation indiscrete dont elle est seule l'auteur ! Elle a intérêt de se faire punir elle-même d'une démarche , qui peut être un défaut de procédé , mais qui n'est point un crime *qu'elle ait intérêt de ne point laisser impuni* ! L'absurdité de cette interprétation révolte la raison, & décele l'embarras d'une Accusée convaincue.

Qu'il reste donc constant que la lettre de M. le Maréchal de Richelieu ne répond point à la premiere hypothese, c'est-à-dire, à la vérité supposée des billets ; qu'il est impossible d'en détourner le sens au simple reproche d'une négociation prématurée, & enfin que toutes les expressions renferment le désaveu le plus formel des billets prétendu *signés de lui*, qui font une *fripponnerie qui ne doit pas rester impunie*.

C'est ainsi que M. le Maréchal de Richelieu s'en explique à l'instant même qu'il apprend la nouvelle de la négociation. C'est le premier mouvement qu'elle excite en lui. Et à qui ce premier mouvement est-il adressé ? C'est à Madame de Saint-Vincent, qu'il ne pouvoit pas tromper, & qui pouvoit le déshonorer en publiant son désaveu.

Après cette explication , il faut analyfer à fon tour la ré-ponfe de Madame de Saint-Vincent. Elle fut envoyée le 17 Juillet au matin décachetée au fieur Marion par le fieur Ben-navent, & elle eft datée du 16. Pour mieux fentir l'intelli-gence des expreſſions qu'elle renferme, il faut placer Madame de Saint-Vincent dans la pofition où elle devoit être à la ré-ception de la lettre de M. le Maréchal de Richelieu. De deux chofes l'une : ou cette lettre contenoit le défaveu des billets, ou un fimple reproche de la négociation. Dans le premier cas, la réponfe de Madame de Saint-Vincent ne devoit refpirer que l'indignation & la menace des pourfuites les plus désho-norantes pour M. le Maréchal de Richelieu. Dans le fecond cas, elle devoit s'excufer de la négociation anticipée fous pré-texte de befoins & de la néceffité. Voyons encore à laquelle de ces deux idées répond la lettre de Madame de Saint-Vincent.

*Mon cher Coufin , je réponds vîte à votre lettre qui m'a caufé autant d'étonnement qu'à vous la nouvelle de ces billets.*

Madame de Saint-Vincent convient donc d'abord que M. le Maréchal a dû être étonné de la *nouvelle des billets* fup-pofés *fignés de lui.* Elle partage à cet égard la furprife de M. le Maréchal ; ce qui fuppofe qu'elle penfe comme lui, que ces billets font faux ; ce qui produit en elle *l'étonnement* que lui caufe la lettre de M. le Maréchal.

*Et du nom de Madame de Saint-Vincent qu'on dit être mélée là-dedans , & que j'ignorois parfaitement.* Madame de Saint-Vincent *ignore* donc toute cette intrigue, & les billets, & la négociation. Elle eft étonnée *d'être mêlée là-dedans.* Quoi ! elle avoit entre les mains des billets vrais , elle les fai-foit négocier , & cependant elle méconnoît toute cette intrigue ! Peut-on un défaveu plus formel, & qui fuppofe plus évidemment celui que contenoit la lettre de M. le Maréchal de Richelieu ?

*J'envoie cette lettre à M. Marion par une perfonne qui pourra l'aider à découvrir quelque chofe.* Ces expreffions font bien importantes. Madame de Saint-Vincent croit donc qu'il y a quelque chofe à découvrir, & entrant dans les vues de M. le Maréchal de Richelieu, elle veut concourir à cette découverte. Pour cet effet elle envoie au fieur Marion une perfonne qui pourra *l'aider.* Or quel pouvoit être l'objet de ces recherches & de ces découvertes? Madame de Saint-Vincent n'avoit befoin de perfonne pour découvrir le fil des négociations, puifqu'elles étoient fon ouvrage. Il feroit donc abfurde de faire tomber ces expreffions fur la négociation. C'eft donc fur la fauffeté des billets que devoient tomber les recherches & les découvertes. C'eft donc un aveu formel que Madame de Saint-Vincent fait à M. de Richelieu, puifqu'elle veut concourir avec lui pour découvrir cette fauffeté, & ceux qui en font coupables. C'eft dans le fens même de la lettre de M. de Richelieu qu'elle propofe de fe joindre à lui pour découvrir, quoi ? Ce qu'il y qualifie de *fripponnerie.* Voilà donc une reconnoiffance bien éclatante de la fauffeté des billets, Car l'alternative eft néceffaire : ou la lettre de Madame de Saint-Vincent fuppofe cette fauffeté, ou elle n'a rapport qu'à la négociation. Or il eft démontré qu'aucune des expreffions qu'elle renferme ne peut convenir à cette derniere idée, & que par fon analogie avec la lettre de M. le Maréchal de Richelieu, tous les termes répondent à la premiere idée, c'eft-à-dire, à la fauffeté des billets.

On a donc eu raifon d'annoncer ces deux lettres comme

feules

feules décifives. Elles contiennent des reconnoiffances refpec-tives & contradictoires de la vérité que la Juftice a tant d'in-térêt de découvrir. D'un côté, M. le Maréchal de Richelieu déclare qu'il n'a jamais foufcrit de billets au profit de Ma-dame de Saint-Vincent. D'un autre côté, elle reconnoît qu'elle n'en a jamais reçu, & que s'il en exifte, ils font faux; car c'eft la conféquence néceffaire qui réfulte des lettres. Quelle preuve plus forte pourroit-on defirer que celle, que préfentent l'aveu & les déclarations que les Parties intéreffées fe font récipro-quement ? Et quelle lumiere ces aveux ne répandent-ils pas fur le furplus de l'inftruction, qui elle-même n'en a pas befoin ?

On ajoutera à cette analyfe une obfervation qui mérite quel-que attention, & qui développe quelles étoient les vues de Madame de Saint-Vincent quand elle a envoyé par le fieur Bennevent fa réponfe décachetée au fieur Marion. Comme elle ne pouvoit pas foutenir à M. le Maréchal de Richelieu la vérité de ces fignatures, elle étoit forcée d'en avouer la fauffeté; mais M. le Maréchal de Richelieu étoit à Bordeaux, c'étoit le fieur Marion qui feul faifoit des recherches & qui avoit fait les dernieres découvertes. On cherchoit à en arrêter l'activité, en lui faifant connoître un défaveu qui paroiffoit les rendre inutiles, & on vouloit profiter de fon inattention, pour mul-tiplier les négociations avant qu'elles puffent être arrêtées par des pourfuites judiciaires.

D'un autre côté, on lui avoit envoyé le fieur Bennavent, confident de toute l'intrigue, pour tâcher de l'abufer & de l'arrêter, & pour apprendre en même tems de lui, les dé-couvertes que fes recherches avoient pu lui procurer, pour régler fur elles, la conduite des acteurs & la marche de l'in-trigue. Ces vues ont dû fi naturellement entrer dans l'efprit de Madame de Saint-Vincent, qu'elles fe préfenteront à toutes les perfonnes qui les compareront aux deux lettres qu'on vient d'analyfer.

## I I I.

Un hafard heureux a procuré à M. le Maréchal une lettre de Madame de Saint-Vincent à Benavent, écrite dans l'intervalle de leurs interrogatoires. M. le Maréchal peut attefter qu'elle ne lui eft parvenue que le 10 Décembre dernier, par la voie la plus pure & la plus innocente.

Voici la copie de cette lettre, reconnue par Madame de Saint-Vincent, dans fon interrogatoire du 12 Décembre dernier.

» Mon cher Benaven, me voilà fortie de mes interrogatoires. » Sans vos lettres & celles de Vedel, mon procès feroit admi- » rable : *mais il n'y a pas moyen de me défendre de toutes les* » *conféquences que l'on tire fur ces malheureufes lettres :* j'ai » pourtant bien *répondu autant que j'ai pu.*

» Si on vous demande qui a écrit cette lettre que le Ma- » réchal a fignée pour vous, il faut dire que je l'ai portée écrite, » & que le Maréchal l'a fignée, & que je l'ai vu.

» Si on vous demande combien j'avois de billets, dites que » vous n'en favez rien, que vous ne les avez pas vus.

» Je vous fis dire hier au foir deux chofes par mon Neveu, » Je ne me fouviens plus de ce que c'eft... mais faites-le, je » vous en prie.

» Parlez à Doumain, je voudrois avoir la lettre qu'il a.

» Je fuis bien malheureufe, & j'avois bien raifon.

» C'eft au fujet des billets que vous m'aviez envoyés pour » faire figner au Maréchal.

» On me dit que je vous avois lu une lettre du Maréchal ,
» où il difoit : envoyez-les moi , je les fignerai.

» J'ai répondu que vous n'aviez point lu cette lettre , parce
» que le Maréchal ne l'avoit pas marqué, mais que je vous
» l'avois dit.

» Je vous ai rendu toute la juftice que vous méritez.

» Et quand je ne fais rien pour vous dans ce moment hélas !
» pécaire, je n'ai pas le fol, & ne fais que devenir.

» Ecrivez-moi, donnez la lettre à mon Neveu, qui la mettra
» dans la fienne. Adieu,

Au dos eft écrit : M. BENAVEN.

Les expreffions de cette lettre n'ont pas befoin de commentaire ; elles font faites pour porter la conviction dans tous les
efprits raifonnables. Mais comme il peut être encore des perfonnes mal difpofées , il faut confondre la prévention & la
malignité, en développant le fens de cette lettre.

Voici la premiere phrafe : » *Mon cher Benaven , me voilà*
» *fortie de mes interrogatoires ; fans vos lettres & celles de Vé-*
» *del , mon procès feroit admirable* ». Madame de Saint-Vin-
» cent venoit de fubir fes interrogatoires ; inftruite par les queftions qui lui avoient été faites , puifées dans les lettres qu'elle
avoit écrites au Major & à Benavent , préoccupée encore de
l'embarras qu'elle avoit eu à y répondre , elle dit que, *fans ces*
*lettres, fon procès feroit admirable.* Elle reconnoît donc que
l'embarras où elle a été de répondre aux queftions qui naiffent
de ces lettres , a rendu fon procès infoutenable. En effet ces
lettres font émanées d'elle , & elles contiennent la preuve de
la fauffeté des billets. Cette premiere phrafe offre donc d'abord

un aveu du crime, & une reconnoiſſance que les lettres en font la preuve. Ecrites par elle-même, perſonne ne pouvoit mieux juger de l'effet qu'elles devoient produire ; & quand Madame de Saint-Vincent convient qu'elles rendent ſon procès inſoutenable, certainement il faut l'en croire. Elle s'accuſe, elle ſe condamne en même tems.

La ſeconde phraſe eſt encore plus énergique ; *mais il n'y a pas moyen de me défendre de toutes les conſéquences qu'on tire ſur ces malheureuſes lettres.* Madame de Saint-Vincent convient donc que *ces malheureuſes lettres* lui ôtent tout moyen de ſe défendre de l'imputation du faux, & pourquoi ? Parce qu'elles en contiennent la preuve ; & ce ſont ces preuves d'où naiſſent les conſéquences invincibles *deſquelles elle ne peut pas ſe défendre.* N'eſt-ce pas dire formellement que ces lettres operent ſa conviction, & qu'elle ne peut pas échapper à ſa condamnation ?

Suppoſons que Madame de Saint-Vincent ait tenu un pareil langage dans ſes interrogatoires, on le regarderoit certainement comme contenant l'aveu de l'Accuſée. Quelque part où il ſe trouve, il doit produire le même effet contr'elle. La circonſtance dans laquelle cette lettre a été écrite, lui donne, pour ainſi dire, un caractere judiciaire. C'eſt une Accuſée qui écrit en confiance à ſon Complice, qui lui fait confidence de l'opinion qu'elle a elle-même des preuves qu'on lui oppoſe, & qui, par une ſuite de leur connivence, lui indique les moyens qu'elle croit les plus propres à les affoiblir. On ne portera pas plus loin les réflexions ; on peut s'en rapporter au jugement de ceux qui ont déjà vu cette lettre, qui preſque unanimement ont penſé que l'affaire étoit finie, ſans avoir beſoin d'invoquer d'autres preuves.

Madame de Saint-Vincent continue : *J'ai pourtant bien ré*

*pondu autant que j'ai pu.* Ne découvre-t-on pas dans ces expreſſions le langage d'une coupable qui s'applaudit de ſon habileté pour parvenir à cacher ſon crime, mais qui ne croit pas cependant avoir ſatisfait à tout ; qui ſe félicite de l'adreſſe qu'elle croit avoir employée, mais qui reconnoît ſon inſuffiſance de bien répondre à tout ? *J'ai pourtant bien répondu AUTANT QUE J'AI PU.*

Eſt-ce là le langage qu'auroit tenu Madame de Saint-Vincent, ſi elle avoit été innocente ? Elle auroit dit au contraire, *j'ai répondu à tout avec le courage qu'inſpire la vérité* ; & dans ce cas en effet elle n'auroit dû trouver aucune difficulté dans les queſtions qui lui ont été faites. Il n'eſt point d'expreſſions dans cette lettre, qui ne décele un coupable, qui ne renferme l'aveu du crime, & qui n'opere la conviction de Madame de Saint-Vincent, & celle de ſes Complices.

Le ſurplus de la lettre établit avec la même évidence la connivence établie entre les Accuſés, pour ſurprendre la Juſtice & cacher la vérité. La Dame de Saint-Vincent craint les contradictions qui peuvent ſe rencontrer entre ſes interrogatoires & ceux de ſes Complices. On va la voir prévenir Benavent de ce qu'elle a répondu, & de ce qu'il doit répondre pour ſe trouver d'accord s'il eſt poſſible. La vérité a-t-elle beſoin de toutes ces précautions ? Elle eſt une, & doit ſe trouver uniforme dans la bouche de ceux qui ſont raſſurés par leur innocence.

Si les billets étoient vrais, un ſeul mot devoit ſuffire à tous les Accuſés, & on ne verroit point dans cette affaire tant de Complices de Madame de Saint-Vincent, parcequ'elle n'auroit point eu beſoin, pour accréditer ſes billets, du concours de tant de perſonnes, de tant de lettres & de tant de circonſtances.

Développons d'après ces réflexions les autres articles de la lettre de Madame de Saint-Vincent.

» *Si on vous demande qui a écrit cette lettre que M. le Ma-* » *réchal a signée pour vous, il faut dire que je l'ai porté écrite,* » *que M. le Maréchal l'a signée, & que je l'ai vu* ».

Pour avoir l'intelligence de cette suggestion, il faut se rappeller qu'on a trouvé dans les papiers de Benaven, une lettre qu'on suppose que M. le Maréchal lui a écrite, pour l'autoriser à solliciter de sa part M. le Duc d'Aiguillon & M. le Duc de la Vauguyon en faveur du sieur Vedel. On a trouvé dans les mêmes papiers un billet du sieur Vedel à Benavent, par lequel il étoit prié de ne voir ni le Ministre, ni son Colonel, & de ne point parler à M. le Maréchal. Cette prétendue lettre écrite à Benavent, prouve que le sieur Vedel employoit le talent de Madame de Saint-Vincent à différens usages qui lui étoient toujours relatifs. Cette lettre a été déclarée fausse par les Experts, & elle est évidemment l'ouvrage du sieur Vedel : c'est par cette raison que le sieur Vedel recommandoit de ne point faire usage de cette lettre, parce que dans l'intervalle ils apprirent que M. le Maréchal étoit à Versailles où il avoit été appellé par la maladie du Roi, & que par-là, la fausseté de la lettre auroit été découverte.

Les accusés ont été interrogés sur cet objet : leurs réponses font curieuses ; jamais on n'a vu tant d'embarras & tant de contradictions.

Selon Madame de Saint-Vincent, l'Abbé de Villeneuve & Benavent, la lettre prétendu signée par M. le Maréchal, a eu son effet, & a été montrée au Ministre, au Colonel du sieur Vedel & au sieur Charlot, & le billet du sieur Vedel à Benavent n'a point eu pour objet de l'empêcher d'en faire usage.

Suivant le sieur Vedel, au contraire, son billet a eu pour objet d'empêcher Benavent de voir toutes ces personnes, & de faire usage de la lettre ; il en donne, comme on peut le croire, d'autres raisons que la fausseté de cette lettre.

Suivant le sieur Vedel, Benavent ne devoit point en parler à *M. le Duc de la Vauguyon*, & suivant l'Abbé de Villeneuve, il ne devoit pas parler à *M. le Duc d'Aiguillon :* ensorte qu'en les croyant tous deux, voilà une lettre écrite pour deux personnes, qui ne devoit servir vis-à-vis de l'une ni de l'autre, quoiqu'ayant été, selon eux, tant travaillée, tant sollicitée & arrachée à M. le Maréchal, à force d'importunité.

Suivant Benavent, il a parlé *trois ou quatre fois* à M. le Maréchal, mais jamais chez lui : ensorte qu'il ne sait pas s'il en seroit reconnu ; & il s'accorde avec Madame de Saint-Vincent, à dire qu'il lui a parlé une fois avant la lettre, & une fois après.

Suivant le sieur Vedel, Benavent n'a parlé qu'*une fois* à M. le Maréchal avant la lettre.

L'Abbé de Villeneuve ne se souvient plus s'il a concouru à la façon de cette lettre ; mais sa tante l'assure pour lui.

Tous sont d'accord assez mal-adroitement sur un point ; c'est que M. le Maréchal étoit *excédé d'entendre parler du sieur Vedel*, ce tiers, son confident, qu'il aimoit assez tendrement, pour lui avoir donné, six mois auparavant, un billet de 6000 livres.

Tirons les conséquences que présentent ces faits & ces contradictions.

La lettre dont il est question est déclarée fausse par les Experts, tous les accusés ont concouru à sa fabrication ; tous ont senti le danger d'en faire usage, parce que la présence de M. le Maréchal à Versailles auroit fait découvrir la fausseté. Tous s'expliquent sur cet objet dans leurs interrogatoires avec une contradiction qui les trahit tous. Ils sont donc tous coupables & complices de la fausseté de cette lettre. Madame de St-Vincent sortant de ses interrogatoires, ne s'est point dissimulé cet embarras, & c'est pour y échapper, s'il étoit possible, qu'elle lui suggere une réponse.

*Si on vous demande combien j'avois de billets, dites que vous n'en savez rien, & que vous ne les avez pas vus.*

Madame de Saint-Vincent qui faisoit des billets au gré de sa cupidité & du sieur Vedel, en ignoroit elle-même le nombre. Ils ne montoient qu'à 200000 livres chez le Magistrat de Police. Ils sont portés à 420000 liv. dans son interrogatoire. Dans le fait il en existe pour 425000 liv. Elle craint de se trouver en contradiction avec Benavent, elle le prévient de dire, *qu'il n'en sait pas le nombre, qu'il ne les a pas vus;* c'étoit lui donner un mauvais conseil, puisqu'on a trouvé un billet de 20000 liv. dans ses papiers, & qu'il avoit négocié ceux donnés à Rubit, montans à 80000 liv.

*Je vous fis dire hier au soir deux choses, par mon neveu; je ne me souviens plus de ce que c'est; mais faites-le, je vous en prie.*

Madame de Saint-Vincent paroît ne pas se souvenir de deux choses qu'elle a chargé son neveu de rendre à Benavent, mais il est vraisemblable que sa mémoire les lui a rappellées ensuite à l'article ci-après qui commence par ces mots: *C'est au sujet des billets.*

*Parlez à Doumain; je voudrois bien avoir la lettre qu'il a.*

Ce Doumain est un témoin que Madame de Saint Vincent vouloit faire passer pour suborné, & qu'elle a tenté de suborner elle-même.

*Je*

*Je suis bien malheureuse! & j'avois bien raison.*

L'innocence jette aussi quelquefois ces profonds soupirs. Mais est-ce elle qui parle ici? Peut-on s'y tromper? N'est-ce pas évidemment le sentiment du crime & du *malheur* qui le suit?

*J'avois bien raison.* Madame de Saint-Vincent n'explique pas en quoi elle avoit raison : mais une lettre écrite à Benavent nous l'apprend, c'est celle par laquelle elle lui annonce *sa fuite* avec son neveu. Ce qui signifie qu'elle est bien malheureuse de s'être laissée arrêter, & qu'elle avoit *bien raison* de vouloir *s'enfuir.*

*C'est au sujet des billets que vous m'aviez envoyés, pour faire signer au Maréchal, il faut dire que je ne les ai pas envoyés.*

*On me dit que je vous avois lu une lettre du Maréchal, où il disoit, envoyez-les moi, je les signerai ; j'ai répondu que vous n'aviez point lu cette lettre, parce que le Maréchal ne l'avoit pas marqué, mais que je vous l'avois dit.*

Pour se mettre au fait de cette suggestion, il faut se rappeller que parmi les papiers saisis chez Benavent, il s'est trouvé une lettre à lui écrite par Madame de Saint-Vincent, dans laquelle, entre autres choses, on lit ces mots : « Sans doute, il » faut faire signer les billets ; nous ne pouvons prévoir ce qui » peut arriver; IL FAUT AU MOINS GAGNER TOUT CE QUE NOUS » POURRONS ; ils vont partir dans une heure d'ici. Tu aurois dû » envoyer quatre ». Cette lettre annonçoit très-clairement une nouvelle contrefaction de billets.

Benavent pressé sur cette lettre dans un premier interrogatoire, n'avoit pu se dispenser d'avouer qu'il s'agissoit de 80000 liv. de nouveaux billets qui devoient être souscrits du nom de M. le Maréchal, & que Madame de Saint-Vincent lui avoit fait

D

voir une lettre de M. le Maréchal , écrite depuis son arrivée à Bordeaux , par laquelle il lui promettoit de lui envoyer ses billets signés. Madame de Saint-Vincent interrogée à son tour sur la lettre à Benavent , avoit senti l'impossibilité de soutenir ce projet de nouveaux billets , & de s'appuyer de la fausse lettre signée du nom de M. le Maréchal , qu'elle avoit déja fabriquée à cet effet. La dénégation faite par M. le Maréchal des billets dont le faux étoit consommé , faite aussi-tôt son arrivée a Bordeaux , & l'impossibilité d'adapter ces nouveaux billets à la fable de la conversion , qui , selon elle , avoit donné naissance aux autres billets , l'avoit forcée dans son interrogatoire , de convenir que ce projet d'avoir de nouveaux billets de M. le Maréchal , *étoit un projet ridicule, un souhait intéressé de sa part, qui étoit resté sans exécution, & qu'elle n'en avoit jamais parlé à M. le Maréchal.* Cette fausse lettre qu'elle avoit fabriquée pour soutenir les nouveaux billets dont Benavent avoit connoissance , & dont , selon toute apparence , il étoit le complice , l'inquiétoit. Il étoit essentiel d'en dérober la connoissance à la Justice. C'est ce qui lui fait prendre la précaution d'instruire Benavent de ses réponses sur cet article , pour ne pas se trouver en contradiction. Mais malheureusement Benavent déja lié par un premier interrogatoire , ne s'est occupé que de son propre danger , & pour se donner un air de bonne-foi, a soutenu avoir lu cette prétendue lettre de M. le Maréchal , qui promettoit de renvoyer ces nouveaux billets signés, & l'avoir crue vraie ; il l'a soutenu à Madame de Saint-Vincent à sa confrontation.

Le crime s'est donc encore ici trahi lui-même ; & il naît de tout ceci une nouvelle démonstration de deux faux commis par Madame de Saint-Vincent , ou du moins ébauchés par elle.

Elle a fabriqué une lettre de M. le Maréchal, qu'elle a fait voir à Benavent, que Benavent a vue, que Benavent affirme & soutient encore avoir vue, & fur laquelle elle a tenté vainement dans la lettre que nous analyfons, de fe mettre d'accord avec ce Confident.

Elle avoit fabriqué cette lettre pour avoir l'occafion de fabriquer en même-tems de nouveaux billets pour 80000 liv. & les revêtir de la fauffe fignature de M. le Maréchal.

L'auteur de ces deux faux eft néceffairement l'auteur de tous les autres faux. Ils font tous du même genre ; ils ont été faits dans le même tems ; il émanent tous de Madame de Saint-Vincent.

*Je vous ai rendu toute la juftice que vous méritez, & quand je ne fais rien pour vous dans ce moment, hélas ! pécaire, je n'ai pas le fol, & ne fais que devenir.*

On fent qu'il étoit de l'intérêt des accufés, de faire l'apologie les uns des autres, pour tâcher de faire illufion à la Juftice. Les regrets de Madame de Saint-Vincent, fur l'impuiffance où elle fe trouve de fecourir Benavent, prouvent, d'une part, qu'il étoit dans l'habitude de vivre à fes dépens ; & de l'autre, qu'elle cherchoit à captiver un complice qui pouvoit chercher à fe fauver, en la perdant par quelques nouvelles indifcrétions pareilles à celles qu'il avoit faites fur l'article des 80000 liv. de billets projettés.

*Ecrivez moi, donnez la lettre à mon neveu, qui la mettra dans la fienne. Adieu.*

La lettre étoit affez importante pour mériter une réponfe. Il eft fâcheux qu'elle manque : elle fourniroit, fans doute, de grandes lumieres ; mais la correfpondance & le concert entre les accufés, n'en font pas moins établis. Il n'en refte pas moins démontré, que les réponfes des accufés ont été concertées entre eux, & que, malgré toute l'harmonie qu'ils ont tâché d'y faire régner, Madame de Saint-Vincent s'eft jugée elle-même, & a reconnu *l'impoffibilité où ils étoient de fe défendre de toutes les conféquences* qu'on a tirées des pieces du procès. Un aveu auffi formel doit porter la conviction de fon crime dans tous les efprits. *Signé*, LE MARÉCHAL-DUC DE RICHELIEU.

M<sup>e</sup> TRONCHET, Avocat.

De l'Imp. de L. CELLOT, rue Dauphine, 1776.

www.ingramcontent.com/pod-product-compliance
Lightning Source LLC
LaVergne TN
LVHW051334200726
843510LV00002B/646